EDICIONES ANTÍGONA

Teatro

EDICIONES ANTÍGONA

Títulos originales: *Brandingen (De vloed / De vlucht)*

© De la obra original: Paul Verrept y Actes Sud, 2017 y 2021
© De los dibujos de la cubierta y de la página 5: Paul Verrept
© De la traducción y el prólogo: Ronald Brouwer
© De la foto del autor: Marleen Nelen

© Para todos los países en lengua española:
Ediciones Antígona, S. L.
C/ Groenlandia 6, local 2.01. 28909 (Getafe - Madrid)
Tel: 911.895.443 / 640.631.054
info@edicionesantigona.com
www.edicionesantigona.com

Primera edición, 2026

Directora de la colección: Conchita Piña
Diseño de cubiertas: IJdesign sobre un diseño de Paul Verrept
Director editorial: Isaac Juncos Cianca

ISBN: 978-84-10060-62-3
Depósito legal: M-5039-2026

Impreso en España / Printed in Spain

PAUL VERREPT

Rompientes

TRADUCCIÓN RONALD BROUWER

ÍNDICE

TEXTOS CON OLEAJE

Paul Verrept nació en 1963 en una localidad que actualmente pertenece al municipio de Amberes. Estudió Artes Gráficas y antes de centrarse en la escritura trabajó un tiempo como director de escena. Durante cinco años impartió clases de diseño de libros en el Instituto de Tipografía Plantin y desde sus comienzos es uno de los responsables de la pequeña editorial belga Bebuquin.

Su obra se escapa a cualquier encasillamiento. Ha escrito libros con ilustraciones, propias o de creadores afines, de entrada dirigidos a un público infantil o juvenil, pero a menudo atractivos para cualquier edad. Las publicaciones para jóvenes no rehúyen temas graves ni una cierta complejidad compositiva. Por nombrar un ejemplo, en *El banco* un niño cuenta en la primera página que ha muerto su padre y en la segunda que su madre también. La versión teatral contaba con una serie de personas con discapacidad.

No pocos de sus textos han sido el punto de partida de espectáculos teatrales. En varios de los trabajos escénicos sobre textos de Verrept, la música en directo tiene una presencia importante, como en la ópera *La reina sin tierra*, una coproducción internacional. Algunos de estos espectáculos también se han podido ver fuera del ámbito de lengua neerlandesa: en

Francia, Alemania, Austria, Suecia, Suiza, Marruecos, Irán y Australia.

Además, ha ilustrado libros y diseñado carteles para espectáculos de otros autores. Por cierto, la imagen de cubierta del libro que tienes en tus manos es de él, realizada *ex profeso* para esta publicación española.

Si abres un libro de Verrept, no notas si es un texto que fue pensado como base para un espectáculo teatral. Eso lo descubres en el colofón. Por la forma de publicar, tanto cuando va acompañado de dibujos como cuando no, parece más bien un relato o una novela corta. Te preguntas cuál ha sido el orden: ¿es teatro que se presta especialmente bien a ser leído o es narrativa que ha dado el salto al escenario? Supones que los dibujos se hicieron al hilo del texto, pero te puedes llevar la sorpresa de que ya estaban antes, como ocurre en la edición de *La reina sin tierra*, donde el cuento creado por encargo de Muziektheater Transparant convive con impactantes dibujos de Berlinde De Bruyckere.

Verrept dijo sobre los libros ilustrados: «Para mí es importante que el texto y la imagen no se devoren entre sí, sino que irradien con intensidad el uno sobre el otro». Y en otra entrevista: «Tengo apego al concepto del libro: unos papeles sujetos juntos en un lomo. No me hace falta ningún canto dorado. Me importa mucho más que tenga su oleaje. Sobre todo cuando hojeas un libro ilustrado: tiene que ser como el tráiler de una película de James Bond, casi mejor que la película en sí y con un ritmo imparable».

Un volumen de varios artículos en torno a Verrept, publicado cuando cumplió cincuenta años, se titula elocuentemente *Más palabras no hay*. Su lenguaje es parco, depurado. Los párrafos son cortos, como también lo suelen ser los apartados —utilizo este término para evitar llamarlos «capítulos» o «escenas»—. «Su texto es transparente, abierto y nada forzado. Los temas, las atmósferas, las emociones resuenan suavemente, nunca se imponen al lector», se dice en uno de los artículos de este volumen. Es una declaración que se hace en referencia al libro *La chica el chico el río*, pero creo que es extensible a toda la obra de Verrept.

Temas recurrentes en su escritura, según el propio autor, son la claustrofobia, el desasosiego y la liberación de ello. «Muchas veces hablo de personas que nunca se sientan, que caminan sin cesar por la ciudad, el pueblo o dentro de casa». En su libro *Porcelano*, un niño de ese nombre es encerrado en una habitación por su madre, porque se supone que padece fotofobia. «En una habitación sin nada, ¿qué haces sino ponerte a dibujar? Naturalmente el niño acaba por mirar detrás de la cortina y descubre que no hay ninguna ventana. Es una simple pared. Entonces dibuja una ventana y salta por ella al exterior. De alguna manera soy yo ese niño que dibuja una ventana y así sale afuera. El dibujar y el escribir son para mí liberaciones. Lo necesito, sin ello me asfixiaría».

«He reflexionado mucho sobre por qué mis textos son textos teatrales, sabiendo que mucha gente considera que no lo son —comenta en una entrevista al hilo de *Rompientes*—. Me parece fantástico que las palabras adquieran voz y cuerpo sobre un escenario». Aun así, reconoce que son, más que una invitación, casi obstáculos para un actor o actriz. «Una vez mandé a los estudiantes de ilustración dibujar "la princesa que no está". ¿Cómo se dibuja que alguien no está? Creo que es de esta manera como quiero desafiar a un actor».

Por otra parte señala: «En el fondo la escritura para teatro es un género literario extraño. Si escribo textos independientes, supongo que es porque me cuesta someterme a esa servidumbre».

Rompientes es un díptico, cuya segunda parte fue escrita varios años después de la primera. El monólogo *Pleamar* surgió como encargo del colectivo teatral flamenco SKaGeN y se estrenó en 2017. Interpretado por la misma actriz, Clara van den Broek, se pudo ver en francés en la edición de 2019 del Festival de Aviñón y posteriormente en París.

Es la historia de una mujer que al parecer vive una vida armoniosa y cómoda con su pareja, hasta que un día ven desde su casa unos cadáveres en la playa, arrojados por el mar. Después de presenciar semejante escena, la vida de ella y la de él no vuelven a ser la misma.

Mientras se estaban realizando las funciones de *Pleamar*, Verrept sintió el impulso de ir en busca también de la otra voz, la de la pareja. Escribió un segundo monólogo, titulado *La huida*, que relata la historia desde la otra perspectiva. Se estrenó en 2021, con la misma actriz, con representaciones de las piezas por separado y también en combinación.

Poco sabemos de esta pareja, a qué se dedican, cuál es su edad, si tienen hijos, si deseaban tenerlos pero no tienen… Es habitual en la escritura de Verrept especificar apenas y dejar espacio a la imaginación del público. Tampoco menciona si esa casa junto al mar se encuentra en la costa de Bélgica o en otras latitudes; tal vez el único de sus libros que es explícito en cuanto a ubicación es *Las torres de Beirut*. El autor ni siquiera desvela si ese cuerpo infantil en la playa es de un niño o de una niña. El neerlandés tiene una palabra indeterminado como «child» en inglés y un pronombre como «it», que permiten jugar con la incógnita. Para preservar ese aspecto, en la traducción hemos optado por hablar de una «criatura».

Entre los episidios 16 y 17 de *La huida*, Verrept incluye un poema de Paul van Ostaijen. Es uno de los escritores más emblemáticos de la literatura flamenca del primer tercio del siglo XX, cuya vida y obra llevan la impronta de la Primera Guerra Mundial. También ha escrito prosa, pero se le conoce particularmente por su poesía concreta, basada en juegos tipográficos y en la mera sonoridad. En los primeros años de su trayectoria artística, Verrept ilustró publicaciones de otros poemas de este autor, que originalmente no estaban pensados para el público infantil.

En un apunte en el periódico *De Standaard*, Verrept recordó hace poco que este «Poema 6», oído por primera vez en la escuela, aun siendo demasiado joven para entenderlo se horadó en su memoria. «Las palabras arrojaron piedras al camino que, más tarde, recorrería con frecuencia». Según él, el poema navega entre la pulsión de muerte y el tímido deseo de un nuevo comienzo. Leerlo o escucharlo es para Verrept como un «volver a casa».

La cita va sin la menor indicación del autor sobre la forma que tiene en mente para integrar el poema en el trabajo escénico. También hay unas líneas en letra cursiva sobre tortugas de mar que contrastan con los textos previos y posteriores. Por cierto, Verrept me aclara que algunos pasajes están en cursiva para diferenciarlos del flujo principal del texto, pero no hay que pensar que todos tengan el mismo estatus o procedan de la misma instancia.

Estos quiebros, como también los saltos entre primera, tercera y segunda persona, se encuentran con cierta frecuencia en su escritura. Aquí, el desdoblamiento y el hablar a veces en tercera o segunda persona también tienen que ver, intuyo, con esos espejos y ventanas reflejantes que se mencionan en el texto y con la contraposición entre ella y él, entre él y el refugiado, esa misteriosa inversión de realidades.

Verrept me comenta que siente que con *Rompientes* ha iniciado un nuevo camino en su creación. Después ha publicado dos libros, ambos en 2024. El primero —llama la atención que el editor ponga expresamente en la cubierta la palabra «novela»— tiene un título que se resiste a ser traducido: *Het jaagpad* es el «camino de sirga», el espacio en la ribera de un río o canal donde los caballos tiran de una embarcación, pero en este caso también es un sendero de caza, de persecución. Este libro va alternando capítulo a capítulo dos perspectivas, la del hombre maduro que regresa desde la ciudad al pueblo de su infancia y la del joven que emprende, con ilusión, el itinerario inverso. Aquel observa, de forma casi obsesiva, su yo anterior, mientras que también este percibe, de alguna manera, la presencia de su yo futuro.

El otro libro reciente se titula, precisamente, *Los caminos*, y a diferencia del otro es un libro ilustrado —con imágenes de Ingrid Godon, la artista plástica con la que más veces ha colaborado—. Relata en poquísimas frases el encuentro entre dos personas, un tú y un él, el vínculo que surge y el posterior distanciamiento, cuando el tú explica al otro: «A lo mejor tengo sueños, sueños en los que tú no apareces». Entonces parte y tarda en volver, tanto que termina por convertirse en otra persona. Cuando al cabo de un tiempo se juntan de nuevo, la re-unión solo sirve para la despedida definitiva. Concluye así la historia:

> Cuando te fuiste, él te siguió con la mirada.
> Querías, pero no podías quedarte.
> Él saludó con la mano.
> Fue como si alguien te acompañara.

Caminos, alejamientos, la presencia no física de un acompañante, miradas, el saberse mirado... son motivos que tienen en común estos últimos textos de Verrept. Con ellos se entremezcla, en *Rompientes*, la dimensión sociopolítica de la migración que llega al mundo occidental y ante la cual la ciudadanía siente empatía, preocupación, indignación, pero sin ser capaz de emplear estos sentimientos en acciones o de posicionarse.

Terminemos este prólogo con unas palabras del autor, cogidas de los dosieres de prensa de los estrenos originales: «Ante el drama de los refugiados, el drama personal de la pareja se hace insoportable, por ser tan egocéntrico. Su historia transcurre, por así decirlo, en un parque de diseño, mientras que esos refugiados andan en medio de las fieras, arriesgando su vida. Separado de ese trasfondo, el dolor de esta pareja no deja de ser dolor, está claro que lo están pasando mal; pero cuando ves lo uno al lado de lo otro resulta chocante».

«*Pleamar* habla de una crisis ética que me tocó profundamente en lo personal. El tema se me hizo ineludible. Es un asunto muy delicado para reflejar en el teatro o en la escritura. Trata del dolor ajeno y cualquier intento de empatía resulta un tanto vergonzoso. No pretendo comprenderlo. No quiero aprovechar una historia de esta naturaleza para mí mismo, para hacer un relato bonito. Pero no fue elección propia escribir esto, tenía que hacerlo. La crisis es esta: nuestra sociedad no puede cumplir con lo que pretendía ser».

«*Pleamar* ya estaba de gira cuando decidí escribir *La huida*. Tenía la sensación de que la historia no estaba contada entera. También me parecía que había un "malo" y un "bueno"; quería corregir eso, pero dudo si lo he conseguido. En las dos historias, el hombre me provoca aún más rechazo que la mujer. Quería matizarle a él y creo que lo he hecho, pero por alguna razón no ha quedado más simpático. He dado más amplitud a la historia y he añadido un contrapunto a la música que tenía. La he complementado y también he dado un color más positivo al papel del refugiado, que en la segunda parte es alguien que aporta un impulso nuevo e incluso salvación».

Ronald Brouwer

FUENTES CITADAS EN EL PRÓLOGO:

—*Meer woorden zijn er niet*, artículos de Marita Vermeulen y de Jen de Groeve, editorial Larrios, Berchem, 2014
— Dosieres de prensa de SKaGeN, 2017 y 2021
— «In het atelier van Paul Verrept», entrevista de Katrien Steyaert, 2020, iedereenleest.be
— «In gesprek met Paul Verrept», entrevista de Veerle De Caestecker, 2023, vonkenzonen.be
—*De wegen*, por Paul Verrept e Ingrid Godon, editorial De Eenhoorn, Eke, 2024
«Ik kan geen postzegels verzamelen», por Paul Verrept, *De Standaard*, 15 de febrero de 2025

Agfa Prijs 1977, por su diseño del cartel del espectáculo *De gebiologeerden* (*Los fascinados*) de la compañía De Koe.

Gouden Uil Prijs 2005 del lector joven, por el libro *Het meisje de jongen de rivier* (*La chica el chico el río*), con texto e ilustraciones de Verrept.

Premio de Literatura de la Provincia 2005, por el mismo libro.

White Ravens, festival internacional de literatura infantil y juvenil (Múnich) 2006, mención especial por el libro *Mist* (*Niebla*), con texto e ilustraciones de Verrept.

Boekenwelp 2012, por el libro *Kleine Pieter deed open* (*El pequeño Pieter abrió la puerta*), con texto de Verrept e ilustraciones de Randall Casaer.

Mejor Diseño de Libro 2013, por su edición de *Schiller/Tasten* (reescritura de *Los bandidos* de Friedrich Schiller) de Jan Decorte, una publicación de editorial Bebuquin.

Selección del Theaterfestival 2015, por su espectáculo *De bank* (*El banco*), dirigido por Luc Nuyens y Frank Dierens.

Music Theatre Now Award 2015, por su espectáculo *De koningin zonder land* (*La reina sin tierra*), dirigido por Wouter Van Looy.

Premio al Mejor Texto Teatral, en el Festival Internacional de Teatro para Personas con Discapacidad (Isfahán) 2016, por *De bank* (*El banco*).

Nominación al Bronzen Uil Prijs 2022, por *Brandingen* (*Rompientes*).

LIBROS DE VERREPT (TEXTO E ILUSTRACIONES) PUBLICADOS EN ESPAÑA:

Te echo de menos, editorial Juventud, Barcelona, 2001, también en catalán en la misma editorial (*Et trobo a faltar*).

El pequeño soldado, editorial Juventud, Barcelona, 2003, también en catalán en la misma editorial (*El petit soldat*).

ROMPIENTES

A Clara

PLEAMAR

Has organizado la casa. Y ha quedado preciosa.

Cuando pisé tus habitaciones, todo en el mundo encajó. Al fin se veía cuál era el propósito de las cosas, tal como estaban dispuestas en tus luminosos espacios.
Cuando me senté en la casa y anduve, me tumbé, viví en ella…, se me ajustaba como un abrigo de corte perfecto.
Al igual que tu silencio. Tu callar, que siempre me había atraído. Como un lugar donde quedarme.

Estamos sentados ante el ventanal. Mudos. Juntos. Mirando el mar.
Entonces me llevas a nuestra cama. Y me haces el amor.

Me rendí. Un barco sin rumbo, indefenso en las olas.
A veces pienso que nunca he deseado otra cosa.
La casa, el mar, y nosotros.

1

El cielo se tiñe de rojo fuerte en los primeros días de otoño.
Nos asombramos de los colores. Nos preguntamos si los hemos visto antes.
Miramos a través del gran ventanal el mar.
Al pie de la duna donde está nuestra casa, se va acercando el agua.

Estamos el uno al lado del otro, sentados. Mi meñique roza el tuyo. No nos movemos. Nuestro silencio detiene el tiempo.
Las olas vienen y se retiran.
A lo lejos: luces de barcos.
Al ponerse, el sol proyecta largas sombras sobre la playa.
Nada más.
Tú y yo.

No miras a tu lado.
No necesitamos mirarnos. Conocemos nuestro aspecto de memoria. Está en nuestras cabezas. Conozco tu mirada perdida en el atardecer.
Una mirada en la que el mundo se disuelve.
Entonces te giras como si en ese mismo instante te percataras de mí.
Y me disuelvo en tu mirada.
Así ocurre en todos los atardeceres.
Así comienzan desde hace años nuestras noches.

Enseguida te girarás hacia mí. Me mirarás, y aguardarás a que vuelva la cara hacia ti.

Yo no puedo esperar hasta que vuelvas la cabeza.

Venga.

Mírame.

Ha llegado el momento.

Te llevo conmigo.

Llévame tú.

Dentro de un rato el mar vacilará entre marea baja y marea alta. Túmbame justo delante del agua.

Vuelvo la cabeza.

Veo tu perfil. No una cara serena como espero ver, sino con un gesto inquieto en la boca.

Estás mirando a un solo punto: ¿acaso un lugar en la playa? ¿O en el agua?

Algo que requiere toda tu atención.

Algo que hace que en este instante no exista nada más.

Ahora yo también miro.

Miro contigo. Mi mirada se desliza sobre el paisaje, buscando aquello que te absorbe.

Deseando sumarme a ti. Estar donde estás tú.

Ahora lo veo. Estamos viendo lo mismo.

Pero ver lo mismo no me acerca a ti.

Sobre la playa yacen, muy pegados, cinco cuerpos.

No son animales arrojados por el mar, sino personas.

Yacen en la línea de rompiente. Inmóviles.

Quiero agarrarme a ti pero me paralizo.

Tú penetras la oscuridad que de repente empieza a envolvernos.

Corro, de un tirón, las cortinas.

Te cojo la mano y nos dirigimos al dormitorio.

Tumbados en la cama, uno al lado de otro, nos quedamos en silencio. Bocarriba, mirando al techo.

No te vuelves hacia mí. Ni yo me vuelvo hacia ti.
Escuchamos el mar, el rugido. Como si no hubiera pasado nada.
Impertérritos nadan los peces y cangrejos.
Impertérritas crecen las algas.

¿Por qué están allí? ¿Por qué el mar no los ha llevado a otra playa distinta?
«¿No deberíamos ir a mirar?», te susurro.
«Mañana», dices. Pero me quedo perpleja al reconocer en tu voz el preámbulo del sueño.
Me despierto temprano. Más temprano que tú, como siempre.
Te veo tumbado en una postura que me es familiar.
Por las mañanas suelo observar un rato tu cara. Esa calma del sueño que te hace más joven, que me recuerda a un paisaje nevado antes de que el mundo trace en él su rastro.
Ahora me levanto de un salto, rápidamente me dirijo a la ventana para ver la playa.
Los cuerpos han desaparecido.
La playa está inmaculada. Puedo olvidarlo todo como un sueño desagradable.
Todo es igual que el día anterior.
El salón es igual de amplio y luminoso.

Te oigo.
Te despiertas, te asombras de que no esté a tu lado. A lo mejor tu mano busca mi cuerpo. A lo mejor ahora mismo abres los ojos.

De repente estás, desnudo, a mi lado. Miras el mar.
«Los han quitado», digo.
Tú no dices nada, parece que mis palabras y mi voz en el silente comienzo del día te perturban. Como si yo te molestara.
Me lanzas una mirada que recuerdo de hace mucho. De otra persona.

Te apartas de mí.

Oigo correr el agua, te estás duchando.

Otros días entraría en el cuarto de baño, para estar cerca de ti, para lanzar una mirada a tu espalda o a tu culo.

Vuelves a entrar, en albornoz, en el salón.

Desayunamos. Me llama la atención que no digas nada.

¿Qué debo hacer? No sé cómo debo hablar, ahora.

Miras afuera, contento, coges el bañador y una toalla, y propones un chapuzón, como solemos hacer en los días de calor.

Me choca que quieras meterte en el agua donde hace tan poco flotaban cadáveres.

Quiero decirte que debes quedarte aquí.

Que tenemos que hacer algo.

Que podemos hacer cualquier cosa, lo que sea, salvo meternos en el agua.

Que me puedes pedir cualquier cosa, menos...

No encuentro las palabras.

¿Qué puedo hacer sino sacar mi traje de baño también, recogerme el pelo, y acompañarte?

Corres por la playa, juvenil y alegre, te zambulles en las olas.

El mar está tranquilo, como un niño travieso que se cohíbe.

Como si pretendiese negar algo.

Brazada a brazada te alejas de mí, mientras yo me convierto en piedra.

En cualquier momento podría tocarme alguien que estuviera bajo el agua.

Estoy rodeada de tiburones y solo puedo despistarlos quedándome inmóvil.

Miras todos los días a través de la ventana.

Estoy sentada a tu lado.

Ya nunca miro el horizonte, sino la playa.

El mar no arroja a nadie. «Todo está normal».

Podría reconectarme con mi lenta, sosegada vida.

De vez en cuando miro a mi lado, esperando ver en tu cara algún tipo de desconcierto u horror. Pero no veo nada.

A veces creo que por un instante los músculos de tus mejillas se tensan, se endurecen, como si apretaras con fuerza los dientes.

Pero a lo mejor ya solías hacerlo antes.

Estás ahí sentado, con tu camisa blanca planchada, las manos en reposo, absorto en tu mirar.

Muchas veces, en momentos como este he tenido la sensación de que podía leerte el pensamiento, que compartíamos nuestros pensamientos.

Ahora me asusta lo que sospecho que hay en tu cabeza.

Abres la ventana y pego un grito.

«¿Qué pasa?», preguntas.

«Tenemos que ir a mirar», digo.

«Haz lo que quieras», dices.

«Ven conmigo».

«Yo me quedo aquí —dices—. No ha pasado nada».

Esto no somos nosotros. Es la conversación de otra gente. Es otro hombre y es otra mujer. No somos tú y yo. Han asumido nuestra voz y nuestro cuerpo. Son personas que están juntas por casualidad. ¡Esto no somos nosotros!

Me quedo a tu lado, atónita.

El aire de fuera entra en la casa.

A lo mejor tienes razón, está todo igual. El aire salino me aturde.

A lo mejor no tenemos nada que ver con ese otro mundo, a lo mejor entró por un instante en nuestro campo de visión para desaparecer enseguida. A lo mejor lo único que ha pasado es que estaba a punto de tocarnos.

Cierras la ventana por el frío y nos veo en el reflejo del cristal, de pie, con el mar que se agita a través de nosotros.

Te cojo la mano. Con más fuerza, con más desesperación de lo habitual.

Me pones la mano en el hombro.

Quizá podamos elegir. «No ha pasado nada».

Aliviada pongo la mesa. Comemos. Echo todavía una mirada a la playa. Nos damos un paseo por las dunas. Hace frío y al cabo de un rato empieza a llover un poco, pero no me importa.

El mar permanece cerrado y quieto, no revela nada.

Vuelvo a ser la que fui. Por la noche miro el mar, a tu lado, hasta que tu cara se vuelve hacia mí y me disuelvo en tu mirada. Así vivo. De nuevo. Día tras día. Noche tras noche.

Hasta que llega la criatura.

Hasta que el mar arroja a la criatura.

2

Bajo la duna corriendo.
Corres detrás de mí.
Me llamas, me ordenas que vuelva.
Me adelantas, entre jadeos me dices que es inútil, que vendrá otra gente.
«No podemos hacer nada —dices—. Da absolutamente igual. Nosotros damos igual».
Me agarras con fuerza. Tiras de mí hacia la casa. No consigo apartarme de ti. Doy patadas y golpes.
Y al fin me suelto.

Acelero, te dejo atrás, corro más rápido de lo que lo he hecho nunca.
Sé que ya no me vas a alcanzar. No miro atrás. Caigo de rodillas junto a la criatura, le pongo la mano en la frente para ver si tiene fiebre, le tomo el pulso, pongo mi cabeza en su pecho.
No respira, no hay latido.
Pero hay una tibieza en el cuerpo que me hace sospechar que hasta hace un instante aún estaba con vida.
Que debería haber acudido antes.
Que me debería haber liberado de tus brazos antes.
Que me…
Si no te…, a lo mejor me…
Entonces a lo mejor se…, incluso si ya era imposible que sobreviviera…
Que la podría haber sujetado en mis brazos.

Que así todavía habría sentido algo, ahí en la playa, bajo ese sol que de repente ardía...
Que habría sentido la proximidad de una persona...

La criatura está en la playa, bocarriba con los brazos abiertos, como si aún quisiera abrazar a alguien.
Pequeña, regordeta, de muy pocos años, con sandalias y calcetines, un jerseycito a rayas.
Los ojos rígidos mirando al cielo como si algo allí...

La cojo del suelo.
Se nos acerca un pequeño vehículo.
Estoy sentada en la arena.
Un hombre se baja, viene hacia nosotras. Lleva ropa blanca y guantes de látex, una mascarilla cubriéndole la boca.
Se agacha.
Por lo visto no se asombra al encontrarnos a la criatura y a mí, la coge de mis brazos. Con movimientos calmos y seguros, como lleno de compasión, sin espantarse por lo ocurrido. Pregunta si estoy bien, si me voy con él. Dice algunas palabras más, que no escucho. Miro sus labios moverse.
Entonces me deja allí.

Desconsolada vuelvo sobre mis pasos, por la arena blanda subo la duna. Lentamente. Un itinerario inútil que no conduce a nada.
Entonces me detengo.
Arriba, la casa. Blanca, inalcanzable bajo el sol.

La puerta está abierta.
Con miedo entro en las austeras habitaciones. Recorro la casa buscando un lugar que pueda acogerme.
Tú no estás.
Me siento y vuelvo a levantarme, me pongo un vaso de agua, me tumbo unos segundos sobre la cama, deambulo de una

habitación a otra, abro la nevera sin mirar en su interior. «Seguir en movimiento». Mientras cambian cosas en mi campo visual, puedo fijar mi atención en ellas. Apartarla de mis pensamientos. De la criatura. De ti.

De la encimera a la mesa del salón, al dormitorio, a la vista sobre las dunas, puertas que abro y vuelvo a cerrar, alguna pelusa en el suelo, el camino de grava hacia la puerta de entrada, el aire de fuera, mi mano en la pared.

Y entonces en el espejo en el cuarto de baño: una mujer que, huidiza, aparta la mirada de sí misma, su cara, el pelo revuelto.

Voy al lugar en el que más percibo tu ausencia: ante el ventanal y, en mi campo de visión, el mar.

Ahí estoy de pie.

Esperando a que la lejanía me lleve consigo. A que deje de encontrarme aquí.

Aguardando te desprecio.

A cada segundo más.

Entre yo y el mundo flota la criatura.

Esa que yace allí. Incluso cuando ya no está. Se quedará siempre.

Esa que no fue salvada. Que no fue salvada por mí.

Y cada vez que aparto la mirada de la playa está más presente.

Secos mis ojos, escamada mi piel, mi corazón asfixiándose…

El cielo se pone oscuro, se levanta viento, se acumulan nubes.

Tormenta sobre el mar.

Una tromba marina se acerca rápidamente a la playa. Las nubes estallan.

Inclemencias ante las que me rindo.

Algo en el interior de mi cuerpo se abre paso hacia fuera.

Un grito.

Lanzo un alarido sin fin contra la ventana. Me desgañito hasta que no puedo más.

Hasta que la criatura consigue levantarse y da sus primeros pasitos.

Hasta que me coge la mano y nos alejamos juntas.

Quisiera que ahora regresaras a casa. Que vieras mi aversión.

Quisiera que me vieras convulsionada.

Me gustaría escupir sobre tu falsa tranquilidad.

Me gustaría poder repudiarte.

Cargaría esos cuerpos sobre tu espalda y te ordenaría caminar tierra adentro.

Te veo caminar curvado hacia delante, sobre larguísimos caminos rectos entre praderas de pasto.

Apenas avanzas. Pobre.

Yo disfruto de tu sino.

Te paras, intentas recobrar el aliento, pero continúas, más despacio todavía que antes. Te arrastras hacia delante. El rostro gris y desesperado. Al borde de la extenuación.

Mucho más tarde desapareces en el horizonte.

Oigo una llave en la cerradura.

Oigo tus pasos por el pasillo.

En la puerta vacilas. El picaporte se mueve.

Estás dentro. Llevas el traje de lino. Se te ve impecable. Intacto.

Te acercas a mí, me das un beso en la mejilla, te recolocas los pantalones antes de sentarte. Un gesto que no te he visto nunca.

Unos segundos más tarde aparece en tu rostro, como una revelación, algo grisáceo. Un cambio en tus rasgos: el color de la piel, la mirada apagada.

Entonces, como por arte de magia, vuelves a cambiar. Te repones.

Me miras a la cara, sonríes, y preguntas: «¿Has tenido un buen día?».

3

Salgo del salón, cojo mi abrigo, te suelto que quiero que te vayas.
Te quedas ahí sentado.
Voy corriendo hacia fuera. Atravieso la lluvia duna abajo.
Siguiendo el camino de la costa me dirijo a la pequeña ciudad.

Me abrocho el abrigo.
A lo mejor puedo resguardarme en las dunas, tumbarme en alguna cavidad y esperar a que todo pase.
Rebobino el tiempo. Me pregunto si te entendí bien.
«¿Has tenido un buen día?».
Me imagino que dijiste otra cosa, que estabas buscando las palabras.

Llego a la ciudad.
Bares y restaurantes vacíos esperando huéspedes que hoy no aparecen. La ciudad es un salón de baile abandonado. Soy la única huésped.

Entro en un bar. Al instante empieza a sonar música.
Se me acerca arrastrando los pies un hombre delgado y calvo.
Lleva una camisa blanca arrugada y un pantalón negro deslavazado.
Me pone un café, que me tomo ardiendo para marcharme enseguida. En cuanto dejo unas monedas en la mesa y hago

ademán de ponerme el abrigo, el hombre vuelve a apagar la música.
No levanta la vista, ni responde cuando digo adiós.

La mujer del hotel se asombra al ver mi dirección en la ficha de registro.
Me mira. Yo aparto la mirada, me ha pillado. Lo sabe todo, pienso de golpe.
Sin decir palabra me acompaña en el ascensor y luego por un pasillo mal iluminado.
La habitación es pequeña. Las cortinas están cerradas.
Me enseña la habitación.
«Si necesita algo, llámeme», dice.
Vacila, como si no quisiera dejarme sola. Se sienta en la cama.
«Pues nada», dice. Se vuelve a levantar. Y sale de la habitación.
«Buenas noches —dice—. Yo estaré abajo».

Me tumbo sobre la cama. Me hago un ovillo como si no hubiera nacido.
¿Qué estarás haciendo tú? Me oculto de ti en esta guarida provisional.
Nadie me ve. Da absolutamente igual si vivo o no. Nadie me echa en falta.

Me duermo, lejos de todo el mundo.
Nado en el mar y por ningún lado se ve tierra. A mi alrededor hay altas olas que me encierran como muros. Por un momento me elevan, para luego empujarme hacia abajo. Voy meciéndome hacia ninguna parte.
De repente emerges tú desde el fondo. Nadas a mi lado, señalas a lo lejos. Y mira: allí están las dunas, allí veo la blanca casa bajo el sol.

Me despierto. Te llamo. No coges. Dejo un mensaje de voz.
Que quiero que te vayas.

Vuelvo a tumbarme, y duermo.
Me despierto de golpe. El zumbido del aire acondicionado.
¿Dónde estoy?
Las tres de la madrugada, mediados de septiembre.
Quisiera decirte algo.
Me levanto, cojo la llave de la habitación, salgo al pasillo. Bajo en ascensor. La cafetería está vacía, solo iluminada por las luces de emergencia.

Entonces veo un recoveco en la pared. Y en él, una escalera hacia abajo.
Penumbra, otra escalera, y luego en una parca luz verde una piscina.
El agua está quieta, sin la menor ondulación, como si se pudiera caminar encima.
Me acerco con sigilo.
La luz, eso lo veo ahora, viene de debajo del agua.

Me desnudo.
Vacilo cuando mi pie toca el agua: una leve onda.
Me meto en la piscina.
Da una sensación tibia y pesada: un espeso líquido verde me cubre hasta la cintura.
Me tumbo hacia atrás, quedo flotando, sin esfuerzo, brazos y piernas muy abiertas, mirando la verdosa penumbra.
Espiro y me sumerjo. Como en una película a cámara lenta.
Hasta que toco el fondo.
Unas últimas burbujas escapan de mi boca en busca de la superficie. Así quedo tendida completamente, inmersa, en ninguna parte.

En la habitación todo permanece tal cual: las arrugas de la cama, mis cosas desperdigadas, mi silencio sin romper.
¿Por qué no has venido a cambiar algo de sitio, a dejarme alguna cosa o hacer que algo desaparezca? Para que me diera cuenta de que más allá de mí existe alguien más.

Ahora el hotel está en silencio absoluto.

Hundo mi cara en las sábanas y, sin sonido, sin que me dé cuenta, sin que signifique nada, las lágrimas brotan de mis ojos, humedecen las sábanas, me vacían, me hacen aún más quieta que el mundo que me rodea.

No hay nadie más en la sala de desayuno.

Cuando mastico una tostada, resulta ensordecedor. Bebo un zumo de frutas barato. Como huevos y beicon, panecillos con queso, yogur y fruta. Desayuno fuerte. Como si me preparase para un largo viaje.

Dudo si partir ya, lo retraso. Todavía es pronto, me digo a mí misma. Quizá aún no te hayas ido.

¿Es el temor lo que me retiene?

¿O es que abrazo este tiempo perdido, suspendido, este planear en una tierra de nadie? ¿Es que habito aquí, en esta sala llena de mesas y sillas, sin huéspedes? Un local sin ventanas. Sin vistas. Sin vistas al mar. He apartado la mirada.

Me levanto, pago la habitación. El hombre del mostrador me desea una estancia agradable en la costa. No me mira a la cara.

Fuera hace sol. Es muy pronto para ir a casa, me digo otra vez.

¿Qué estarás haciendo ahora? ¿Recoges a toda prisa algo de ropa? ¿O lo vas reuniendo todo? ¿Te haces un camino en silencio? Un camino que te aleja de nosotros, de mí.

Cojo el mismo camino de vuelta, por delante del bar desierto. De vez en cuando pasa un coche. A veces se oye una voz lejana desde una ventana abierta, un niño que llora, un hombre que grita.

En las dunas miro con asombro a mi alrededor: no hay nada que hacer, nada obligatorio, nada que se imponga, ninguna tarea, ningún plan. Ninguna ruta que recorrer. El día no conduce a nada.

Me siento junto al camino. Se está tranquilo y hace calor.

Un zumbido a lo lejos.
Me levanto.
Se me acerca un coche, reconozco un sonido familiar.
Reconozco el color del coche, la silueta.
Veo que eres tú.
Te has marchado. Conduces hacia mí y te alejas de mí.
Una ola de pánico se alza y vuelve a desaparecer.
Te acercas. En un impulso te saludo con la mano, con intensidad y alegría.
Aceleras, la mirada fija en la carretera, pasas como un rayo por delante de mí.
Sé que me has visto.

4

Habito la casa.

Te marchaste como un ladrón. Busqué en vano un mensaje. Una explicación. Aunque fuera una declaración de impotencia, unas palabras sobre tu desconcierto...
No había nada.
Dejaste objetos. No me molestan. Han perdido su voz.

Solo llevo conmigo tus ojos fijos en la carretera cuando pasaste delante de mí. Miras a través de mí. Soy un espectro. Pasas a través de mí y continúas tu camino. De refilón miras hacia atrás, como si hubiera algo. «Por un momento me ha parecido... —dices—. Bueno, déjalo».
Esta mañana por fin recibí una breve carta. Tuya.
Me temblaron las manos al abrir el sobre. La esperanza. De que con unas pocas palabras borrases todo lo que pasó en estas últimas semanas.
Pero las palabras que leí se quedaban cortas. Un acuerdo cobarde que tú seguramente consideras leal. Tu salida en libertad a cambio de algunos trastos.
Sé cuál es la imagen de mí que no soportas: agachada sobre la criatura, poniéndole la mano en la frente. Inadmisible.
Irremediablemente se interpone entre tú y yo una pantalla: tú a un lado, apartando la mirada, enfadado, y yo al otro.
(La palabra «cariño», antes de ser pronunciada, se muere en mis labios mientras te miro. Cariño). El frío de la criatura se

mete en mi mano, cuando yo precisamente quiero darle mi calor. Quería hacer fluir esa sangre, hacer palpitar ese corazón, quería dar aliento.

Levanto la vista hacia ti. Pero lo único que veo es tu espalda, más vieja, mientras te marchas. Sufres. Eso está bien. Te cuesta esfuerzo. Estiras el cordón que te ata. Hasta que se rompa y seguramente me azote en la cara. ¿Qué es lo que te reprocho? Yo tampoco hice nada.

Nos quedamos ahí de pie. Mirando. Vivíamos de algún tipo de rentas.

Duermo poco.

A veces tengo la sensación de que no estoy sola aquí. Como si la casa estuviera habitada. Yo soy la conserje. Son muchos y duermen juntos en las habitaciones.
Los dejo dormir. Están agotados. Hago el mínimo ruido posible.
Cuando se hace de noche, vienen. Sé que son huidizos, así que dejo la puerta entreabierta. Miro por la ventana, de espaldas hacia ellos. Hago como si no notara que entran. Pero en el reflejo del cristal veo su andar arrastrado, cómo colocan su equipaje, cómo ponen a secar sus ropas, cómo se calientan, sin ningún ruido.

Miro los barcos que van y vienen sin cesar. Se disuelven en la oscuridad, no son más que lucecitas.
Velo. Ante un puñado de pertenencias ajenas, por la tranquilidad ajena.

Esta mañana me desperté temprano, pero ya se habían ido. No dejan rastro, ninguna prueba de su presencia. Nunca están realmente, me los imagino. Pero sé que están.

Desde que te fuiste, lleno la casa con otros sonidos diferentes que tus pasos y tus parcas palabras.

Para ahuyentar el silencio, escucho las noticias del mundo.
Ahora sé cómo se marchan. Cómo abandonan sus pertenencias y sus casas.
Cómo se hacen a la mar en botes agujereados.
Cómo esos botes hacen aguas.
Cómo se acaba la gasolina antes de que vean tierra.
Cómo esperan.
Cómo nadan, sujetándose unos a otros, hasta que se sueltan.
Cómo uno se hunde mientras que otro se mantiene a flote.

Miro por el ventanal. Oteo para verlos. Murmuro.
Les hablo.
No hay razón para no decir las palabras en voz alta.
Eso sí, tendrían más sentido si alguien las escuchase.
A veces saludo con la mano. Hacia el mar. Con la esperanza de que sepan que alguien se percató de ellos. Que hay alguien que los vio. Que hay alguien que me ve a mí. Eso también.

No es nada: mi saludo con la mano detrás del ventanal, en la calidez de la casa.
Pero tampoco hay razón para no hacerlo.
Saludo con la mano.

La semana pasada el mar arrojó un hombre y una mujer.
Yo estuve a su lado.
Me pregunté si se conocían. A lo mejor eran tan desconocidos el uno para el otro como yo lo era para ellos. A lo mejor fue aquí donde al fin se juntaron. En la playa. Cuando ya era tarde.
Llamé a la policía.
Más tarde vi el pequeño vehículo llegar a la playa. Alguien con una vestimenta blanca.

Me estaba comiendo una manzana mientras observaba la escena.

Otra vez aparece alguien.
Le he visto antes. Recorría la playa, como un raquero inquieto, iba y venía, como siguiendo un itinerario trazado, como un animal enjaulado.
Y luego desapareció.
Creo que sé quién es.
Miro hacia el horizonte. Viajo con mi mirada.
En alguna parte, muy lejos, lo veo de pie. En una playa, junto a una mujer. Y sobre su brazo, una criatura.

5

Donde se juntan el cielo y el mar, en el horizonte, hay un espejo. Tan grande como el mundo.
Detrás de ese espejo el mismo mar, la misma playa, la misma luz.
A lo lejos los veo, te veo a ti, me veo a mí.

Otra vez se hace de noche. Vienen hacia mí a buscar cobijo.
La luna esparce una abundante luz irreal sobre la espuma de la pleamar.
Quizá sea por eso por lo que tardan en venir. Temen la luz, no se fían de nadie. Saben que no son bienvenidos.

Una barca se acerca a la costa. Está demasiado lejos para poder verlos bien.
No van a llegar nunca. La barca hace aguas, el mar está demasiado bravo. No les quedan fuerzas.

Como enrollas un calcetín en otro para guardarlos en el cajón, así se vuelca la noche, se tuerce, se introduce en sí misma, refleja el mundo.
Ahora hace calor fuera y dentro cae la lluvia.
Quien se encaramó a lo alto, se hunde en el abismo.
Quien planeaba, ahora vadea con dificultad por aguas pantanosas.
Quien tenía mucho, ahora descubre la escasez.
Quien pasó hambre, ahora está saciado y se va a dormir.

Nuestra barca se está hundiendo. Tú caes por la borda. Y también yo acabo en el agua. Nadas, pero no consigues avanzar.
Sujetas a una criatura por encima del agua. Luchas a la desesperada por mantenerte tú mismo a flote. Entonces una ola muy alta te aleja de mí.

En algún sitio hay alguien en una playa, de pie.
Alguien dice: «A lo mejor no tenemos nada que ver con ese otro mundo, a lo mejor entra por un instante en nuestro campo de visión para desaparecer enseguida. A lo mejor lo único que pasa por un momento es que casi nos toca».
Alguien cierra la ventana por el frío, se ve a sí mismo reflejado en el cristal, con el mar que se agita a través de él.
Alguien cierra los ojos.
Alguien coge una mano, con más fuerza, más desesperación de lo habitual.
Alguien pone una mano en un hombro.
Alguien dice: «Quizá podamos elegir».

LA HUIDA

1

El día en que el mar arroja a los refugiados ahogados, me asombro del cuerpo de ella. Tumbada a mi lado, los dos respiramos al mismo ritmo. Ella se levanta y se mueve, desnuda, por nuestras habitaciones blancas. Se detiene ante la ventana que da a la playa y se asusta.
(La quiero ahora, la quiero ahora mismo, pero los cuerpos en la playa reclaman toda su atención).
Me mira a la cara, me escudriña. Quiere saber lo que pienso y siento. Pero no pienso. No siento. Solo quiero mi mano en su cadera.

También en los días posteriores el mar arroja hombres, mujeres y también una criatura... Están sin vida y no ocasionan daño. Son recogidos por mujeres y hombres vestidos de blanco, con movimientos pausados, y antes de que me dé cuenta todo ha vuelto a estar como estaba. A veces miro cómo se los llevan, detrás del doble cristal se ve como una imagen casi apacible.
El mar los arroja cuando estamos comiendo, diciendo tonterías u ojeando libros, mientras hacemos el amor o mientras dormimos. Van y vienen. No molestan. Siguen viniendo cuando nos hartamos, cuando nos aburren. Dejamos de hacerles caso.

2

Muchas veces me imagino que a través de la ventana alguien nos observa mientras hacemos el amor.

Entonces le digo a ella que es mía pero que pronto vendrán otros, para poseerla. Me abraza con firmeza y le paso la lengua por la boca, por los pechos. Entonces la cojo con más fuerza, la llamo por diferentes nombres y me abalanzo sobre ella con más furor aún y me vacío en ella.

Como una presa fácil estoy tendido a su lado, indefenso y exhausto.

3

Tan pronto se mueve sin hacer el menor ruido, como siente una angustia repentina.

Sale de la casa y yo espero, pasivo, su regreso. Siempre regresaba. Entra, se tumba, se queda esperándome... Entonces le hago el amor, primero vacilando, luego con más furor hasta que hayamos borrado cualquier duda con nuestro deseo.

Ahora va a la playa un día tras otro, se queda ahí agachada. Sus manos parecen buscar algo, acarician la arena, como si tocaran algo.

Como si acariciara a alguien.

Y yo, desde la distancia, súbitamente cegado por la luz, no veo quién o qué está con ella. A quién acaricia o a lo mejor coge en brazos.

La luz me hace daño a los ojos. Aparto la mirada.

Vuelvo a verla y veo cómo sus dedos se deslizan por su rostro y cierran sus ojos. Entonces se levanta, se viene hacia mí con una expresión lastimosa, insoportable, y abro los brazos sin entender nada de lo que le pasa.

En ese instante decido dejarla.

Es una maravilla dejarla, abandonarla. A cada paso que doy, siento que se me cae algo de encima, se me quita un peso, vuelvo a respirar. Mi paso arrastrado se transforma en un andar firme y decidido. En el espejo del pasillo me veo sonreír mientras me dirijo a la puerta de entrada, el camino de grava hasta el coche, llave en mano, el clic del cierre y...

Me veo subirme al coche, veo cómo la pierdo. Feliz pérdida de una vida de años.

No ha ocurrido nada. No es más que un despertador que suena, me levanto y me pongo en movimiento. Es una maravilla, el aire exterior.

Está bien estar solo.
Hace calor para la época del año. Me siento libre y no pienso en ella. Como mucho veo por un instante las habitaciones blancas en las que hemos vivido durante años. Veo cómo van quedando transparentes, las paredes de las estancias se disuelven, se convierten en niebla; un silencioso viento las disipa. Y solamente queda la duna sobre la que en su tiempo estaba nuestra casa, y detrás de ella la playa en el sol de otoño.
Me despido con la mano de todo lo que ya no existe.

Ella no sabe que me voy a ir. No lo he planificado apenas, no lo he visualizado con expectación, le he dedicado poco espacio en mi pensamiento. No tengo previsto una vía de huida ni he buscado lugares para dormir. No he hecho maletas. Voy improvisando, cojo lo que me brindan las circunstancias, ingenuo e indiferente. Como un amante se marcha hacia su amada, con toda su atención ya puesta en ella, así recorro por última vez la casa. Pero voy —y en eso difiero del amante— alejándome del amor y no buscándolo.

Todavía me manda un mensaje de voz con una especie de reproche. Su congoja da el pistoletazo para mi salida.
Alejarme ya.
Alejarme de la imposición.
Alejarme de su cuerpo.
Alejarme de los rastros que hemos trazado. Siempre nos conducen al mismo lugar.
Alejarme del amor.
Alejarme de ella, sobre todo de ella.
Alejarme de esa mirada que ya no soporto.

No ha ocurrido nada. Lo único que hago es cambiar de postura. Como en mitad del sueño uno se vuelve, estaba de lado y se pone bocarriba, para evitar sobrecargar algún músculo. Algo así.

Quizá.

Quizá sea un músculo de su cara que no he notado antes.

Quizá sea algo exterior.

Quizá sea porque el mundo está cambiando.

De repente la veo ante mí, sentada en la playa otra vez, tamizando la arena. Con atención observa el tamiz como si pudieran encontrarse partículas de oro. Cuando yo la estoy esperando. Y no levanta la vista hacia mí.

4

Puede que él ya esté allí. Que haya un testigo.
¿Tan pronto? ¿Está contigo ya?
¿El inicio está allí?

Caminas sobre la grava hacia el coche.
Abres la puerta, te sientas al volante pero parece que es otro quien
arranca el motor. Si recuerdas bien...
Si no, ¿cómo puede ocurrir tal y como ocurre?
¿Cómo transcurre todo con esa exactitud? Alguien te lleva. No
puede ser de otra manera: alguien te guía.

¿Él ya está allí? ¿O todavía está lejos y va recogiendo un invisible
hilo con el que te tira hacia él?

Te dejas llevar mientras se apodera de ti una gran alegría.
Una toalla, ropa, dos fotos, el contenido de un pequeño cajón junto
a la cama, más no te llevas. Vistes tu traje beis, una pulsera de plata
en la muñeca izquierda, el abrigo colgado del brazo.
Conduces el coche, coges el camino estrecho entre las dunas. Hace
un día espléndido.
Todavía podrías dar la vuelta. Para volver a entrar en la casa, coger
un libro, sentarte a leer, levantar la vista de la lectura hacia la luz
que juega sobre la rompiente del mar. La posibilidad de quedarte, a
pesar de todo, donde tanto tiempo has estado. Mirar el horizonte.
Esperar a que ella regrese a casa.

Hasta que las frases y las palabras sintonicen, lo que diga ella y lo que digas tú, hasta que suenen de otra manera, confluyan, se hagan silentes, se callen. Tu meñique rozando el de ella.
Los rastros que conducen a la cama.
¿Cómo puede ser que no pienses en ella?

¿Quién es él?
¿Lo has invocado? ¿Para liberarte? ¿Para salvarte?
¿Le has obligado a acudir?
Para hacer ¿qué?

5

Mis únicas paradas son para reservar un sitio para dormir, lejos, como si esa reserva pudiera forzarme a no volver, como si deseara cerrar la posibilidad de dar marcha atrás.

Entonces miro otra vez fijamente a la carretera vacía delante de mí. Hago caso omiso al hambre incipiente, la sed, el recuerdo que me aguarda a lo lejos. Todavía bastante cerca de casa, el entorno me resulta demasiado familiar como para servir de decorado para un nuevo comienzo. Con rigor y precisión miro hacia delante.

Miro mis manos en el volante. Pienso: bonitas muñecas.

Miro hacia arriba y veo nubes en el cielo azul. Me da la impresión de que avanzan con una velocidad que no es natural, como si algo las azuzara.

Me siento sacudido por un pánico, el corazón se me acelera. Aparco el coche, llamo a un viejo conocido, que no coge. Llamo a un amigo de la infancia, que lamenta que justo está a punto de salir de viaje. Retomo mi ruta por un paisaje nuevo, repentinamente pardo y abandonado, inquieto.

Hasta que vuelvo a concentrarme en el zumbido constante del motor. Entonces vuelve a aparecer una felicidad serena, en el cálido capullo que es mi coche. Me apoyo en el respaldo.

6

Las primeras noches en el hotel duermo poco. Me despierto en mitad de la noche y palpo en busca de un cuerpo a mi lado. Siento la excitación de la libertad, de saber que estoy solo sin que nadie sepa dónde estoy ni qué hago. Que he desaparecido sin dejar rastro para quien me conocía. Siento el alcohol de la noche anterior, me vuelvo y me sumo de nuevo en un ligero duermevela.

Por la mañana no recuerdo ningún sueño, no he descansado y me subo al coche medio atontado.

Conduzco hasta muy tarde, duermo en el coche, se me arruga la ropa y estoy sin afeitar pero sigo igual de decidido. Me instalo en el papel que me he asignado. Otra vez se modifica mi forma de moverme. Me invade algo cansino. Una nueva elegancia pausada se apodera de mis movimientos. Resulta estremecedor, para quien me observe. Parezco inconsolable. Soy irresistible.

Tengo una mirada ardiente. Me alojo en un hotel barato, veo a una mujer sola en la cafetería. Habla conmigo pero a mitad de una frase me aparto de ella. Sé que me sigue, primero con la mirada, luego viene detrás de mí.

No tenemos nada que contarnos.

Solo hay hambre.

En un espejo en la pared de la habitación veo cómo la penetro, cómo pone el culo en pompa ante mí, cómo me agito en ella, fogoso, palpando con las manos sus pechos, metiendo los dedos en su boca, hasta que ella también mira en el espejo y encuentra mi mirada y me corro en ella, sacudiéndome, gritando.

Allí, detrás de la pared de cristal ves tu cara desencajada, los ojos de ella que se cierran, tus manos en sus caderas, allí, detrás del espejo.

Me da un beso fugaz cuando se marcha. Ligereza, indiferencia. No sé nada de ella, solo la conozco en aquel otro espacio, detrás del espejo.

Mi habitación de hotel es como la sala de espera de una embriaguez efímera que no deja rastro, ni recuerdo, que solo ocupa un poco de tiempo para luego desvanecerse como si nunca hubiera estado.

Después, el alivio de estar solo. El placer del café y el cigarrillo por la mañana.

7

Varios días más tarde conduzco por la noche y llego al pueblo. Tras pasar una fábrica destartalada hay una estación de tren excesivamente grande que está abandonada. El hotel de enfrente sí continúa operativo. En la recepción me excuso brevemente por el estado en el que me encuentro, pido una habitación, pregunto si todavía dan de cenar, y hora y media más tarde estoy afeitado y metido en la bañera, satisfecho, exhausto, rendido. Con la vaga sensación de haber llegado. Duermo larga y profundamente.

Abro las cortinas y miro las copas de los árboles que llegan casi hasta la ventana. Cuando abro la ventana, entra un aire húmedo. Inspiro hondo, asombrado por esta vista tapada por la vegetación, y vuelvo a mirar la amplia habitación, el mobiliario anticuado pero no sin estilo, el pequeño rincón de sentarse que parece estar esperándome, parece invitarme. Me decido a quedarme un día y una noche más.

Me quedo más tiempo.

8

Los días se van haciendo más cortos y más fríos. Me paseo por el sol de otoño. El pueblo es abarcable. Desde la vieja estación voy por una calle de adoquines que pasa delante del hotel y luego unos edificios señoriales. Seguramente solían vivir aquí los directivos de la fábrica.

El hotel subsiste gracias a esa especie en vías de extinción de viajantes que prefieren pernoctar allí antes que en un hotel de carretera. Para cenar puedes elegir entre tres platos.

De camino a la plaza del pueblo hay casitas más pequeñas. La mayoría están deshabitadas, en algunas todavía vive una persona mayor.

Veo una casa con las ventanas tapadas por tablones. Aquí no queda nada. Aquí no me va a encontrar nadie.

Avanzo lentamente por la plaza, me detengo ante un monumento en honor a los caídos, leo los nombres. Una de las estatuas tiene el brazo partido.

Hay una iglesia, un ayuntamiento que siempre está cerrado, un pequeño comercio que es a la vez bar.

La calle principal tiene dos calles perpendiculares, con unas pocas casas, y ahí acaba el pueblo. Como si alguien hubiera empezado algo pero enseguida hubiera desistido.

Sigo caminando. Exploro la fábrica, recorro salas y almacenes vacíos. No me queda claro qué se fabricaba en ella. Más adelante, en calles donde el verdor va ganando al asfalto, hay pequeñísimas viviendas obreras. Ventanas y puertas rotas con goznes oxidados. Hay pintadas y eslóganes en las paredes. No

le pega a este pueblo, esa expresión de ira contra el mundo.
Pero también los eslóganes están invadidos por vegetación,
la lucha de la que dejan testimonio ya está olvidada.

Hace muy poco yo vivía con alguien. ¿Dónde estará? Me
sacudo las preguntas, las espanto de mí como a un mosquito
zumbador sobre la cama.
¿Estará mirando por el ventanal?
¿Caminando por la playa?
¿Se sentará en la arena y buscará otra vez algo inencontrable?
¿Encontrará algo?
¿Qué se lleva? ¿Qué sostiene en esa luz cegadora? ¿Qué es eso
que no consigo ver con nitidez?
¿Quién es ella?
Ya empiezan a desvanecerse los contornos de su rostro, sus
movimientos…
Detrás del mostrador del hotel, una parte del papel pintado
está descolorida, donde una vez hubo un marco colgado. Una
mañana vuelve a estar el marco, y en él la foto de una mujer
y un hombre y un niño.
«Mis abuelos y mi padre», dice la mujer de la recepción.
Muevo la cabeza como si confirmara algo y miro la foto.
Ninguno sonríe. El niño está huraño entre sus padres, la
mujer posa su gruesa mano en el hombro del chico. Tiene una
mirada apática. A su lado, el hombre. Su boca es una raya
estrecha como si metiera los labios hacia dentro. Entonces me
fijo en las gotas de sudor en su frente. Su mano derecha está
sobre la cadera de su mujer, la tela de su vestido se arruga
como si la estuviera pellizcando. A la chaqueta de su traje le
falta un botón. Aparto la vista. Miro a la cara de la recepcio-
nista, que ahora me mira con la boca de su abuelo. Dice: «El
hotel lleva cinco generaciones en propiedad familiar».
Entonces mira a mi lado, a nadie, diciendo: «Yo no tengo
hijos».

He sustituido mi traje beis por un jersey y un pantalón y un abrigo caliente. Está refrescando. Me dirijo al quiosco. He cogido la costumbre de hacer el crucigrama después del desayuno.

En la plaza veo el monumento a la guerra, unos pocos coches aparcados, la panadería que no tiene clientes. Distraído miro alrededor, hasta que se choca conmigo una bicicleta con ruedines. Una niña se cae hacia atrás al suelo, se queda tendida, completamente inmóvil, y me asalta el temor de que ha ocurrido algo grave. Ahora mismo. Ante mis ojos.

Enseguida la niña se levanta de un salto, coge su bicicleta y desaparece en dirección a su madre, que desde lejos agita la mano hacia ella.

Continúo mi camino con paso inestable. Vacilando pido el periódico.

«¿Está bien? —pregunta la mujer del quiosco— ¿Se encuentra bien? ¿Se quiere sentar un momento?».

Me dirijo a una mesita y me concentro en el crucigrama.

9

A veces siguen viviendo todavía un rato, más frecuente es que se hayan ahogado ya en el agua. A veces alguno se levanta, da unos pasos y se derrumba. A veces llegan hasta las dunas, descansan y se adentran en el país. Son muchos. Se mueven sin hacer ruido. Con lo poco que desean, lo mejor es no ponerles piedras en su camino.

Leo las noticias, las escucho. Aquí, me digo, no hay nada para ellos. Aquí estoy a salvo. Las noticias sobre su llegada están en todas partes. A veces alguien cuenta historias sobre su paso por el país. Extenuados y flacos caminan por delante de las casas. A veces se refugian juntos en una nave. Y a veces encuentran un lugar donde quedarse.

Nunca están solos. Comparten su alegría y su dolor. Cuando uno se rinde, otro le releva. Porque ninguna amenaza contra ellos funciona. Como un solo ente asaltan nuestras costas y se reparten por el país. Nuestro país. Siempre ganan, porque están sin ilusiones.

Y sin embargo…, piensas ahora. No estás del todo seguro. De que no vayan a llegar hasta aquí. Ayer mismo te fijaste en una noticia en el periódico. Quizá deberías haberla leído, pero optaste por seguir hojeando hasta llegar al crucigrama.

Las tortugas marinas salen del huevo debajo de la arena y corren en gran número hacia el mar. Las aves rapaces esperan ese momento y dan el golpe, implacables. Pero las tortuguitas son muchas y gracias a ese elevado número miles de ellas alcanzan el mar. Con ellos, con las sombras que aparecen cada vez más a mi espalda, en el espejo, ocurre lo mismo. Huyen desde el agua a la tierra. Hacemos de todo para detenerles, dejamos que sus botes salgan pero impedimos que lleguen, les abandonamos en pleno mar sin comida ni bebida. Pero son demasiados. Tienen demasiado poco y quieren una parte de lo nuestro. Traen consigo su furia y sus dioses.

Es inevitable que algunos de ellos alcancen la tierra. Allí se ocultan, desaparecen en la arena, cavilan, aguardan para dar el golpe, para ocupar un lugar que antes era nuestro.

10

De repente está él. Y a partir de ahí está día tras día sentado en la plaza, en el banco al pie del monumento al caído. Medio acurrucado, mira a su alrededor. Tiene aspecto de venir de lejos. Me pregunto qué hace allí, si está perdido o si espera a alguien. Me entra un escalofrío. Por qué estará sentado siempre en el mismo sitio…

Al poco tiempo me habitúo. Le saludo con la cabeza cuando paso delante de él, aunque sin prestarle realmente atención. Le saludo por la costumbre de verle sentado ahí. Por educación. No por simpatía.

Y él devuelve el saludo con la cabeza, al principio con una mirada suspicaz, luego con más seguridad en sí mismo y una sonrisa. Sobre todo esa sonrisa me desconcierta. Como si tuviera que responder a ella. Desconfío de sus motivos por sonreírme y por estar aquí. Su risa es desarmante, como si hubiera algún vínculo entre él y yo, como si fuéramos amigos. Acelero cuando cruzo por delante de él. Guardo distancia.

Un día se levanta y se encamina hacia mí.

Me sigue hasta el bar. Y mientras voy haciendo el crucigrama a la exigua luz del sol, se queda a unos metros de distancia, de pie.

Ahora está claramente esperando a alguien.

Y ese alguien soy yo.

Se levanta cuando llego a la plaza, me sigue a cierta distancia y aguarda hasta que me voy. Así, todos los días. Me pregunto si querrá dinero de mí, o si acaso un café. Le ignoro. Miro delante de mí.

«Estoy esperando a mi familia», dice un día. Como desde la nada surge su voz detrás de mí.
«Mi familia —dice—. Mis hijos».

Y de repente ya no está.

11

Piensas en ella, en sus orejas. Su gesto de fijar con la mano un mechón de pelo detrás de la oreja.
Lo vulnerable de su piel en la sien.
Una vena en la que ves palpitar su corazón.
Le apretabas los labios en el lóbulo de la oreja y ella se estremecía, se echaba para atrás, y después acercaba la cabeza a tu boca y volvía la oreja otra vez hacía ti. Entonces la besabas justo ahí y se estremecía, retiraba la cabeza y enseguida volvía a arrimarla a tu boca.
¿Fuiste tú quien se agachaba sobre ella, hermético, quien pasaba la lengua por su oreja y su cuello, hasta que no lo soportaba más, se apartaba pero siempre volvía? ¿Fue ella la que al final giraba la cara hacia ti, separaba los labios, y parecía no ver nada ni a nadie mientras te esperaba a ti? ¿Fue ella la que te forzó, que te cogió, que te convirtió en la persona que querías ser?

Ahora al fin lo recuerdas.
Ahora cavas en pos de rastros, como un arqueólogo vas escarbando una capa tras otra. No hay mucho que sepas de ella. A veces te ves a ti mismo cuando la buscas en tu memoria. Vas cavando. Y con cada palada de tierra olvidas tu propio pasado, el suelo que pisas. Solo puedes hacer conjeturas sobre tus motivos de entonces.

Te vas hundiendo. Ya no hay nada que te sujete. Pierdes tu forma sólida y te encuentras en tu habitación como un montoncito de polvo. Cualquier leve brisa te esparciría definitivamente por el mundo.

¿Por qué empiezas de repente a palpar los hilos que te conducen a tu pasado, a todo lo que ha desaparecido?
¿Por qué no miraste a tu alrededor entonces, a quien estaba ahí?
¿Por qué ahora te preguntas al fin cómo fue cuando ella regresó a casa, a esa casa vacía donde ya no estabas tú?
¿Cómo se acostó en la cama esa primera noche? ¿Acaso se tumbó en el sofá o en la mullida alfombra del salón?
¿Cuándo llegó? ¿Fue por la tarde o por la noche? ¿Qué luz caía sobre ella cuando se dirigió al ventanal? ¿Cerró las cortinas? ¿O estuvo largo rato mirando el mar?
¿Quién sabrá?
¿Y qué importancia tiene?
Ahora. Hoy.
Tras tanto tiempo...

12

De niño oía el mar en una caracola. No era realmente el mar lo que oía, era el viento.
Es lo mismo.
En el hotel oigo la carretera que a lo lejos zumba sin cesar.
Es lo mismo.
Si me imagino que es el mar, no oigo la diferencia.
Cuando cierro los ojos y escucho con atención, estoy otra vez allí. En la casa del mar.
Cuando abro los ojos, estoy otra vez donde estoy, en la desordenada habitación de hotel…

Mentalmente regreso. Sobre todo quiero recordar ahora las noches, su respiración, su cuerpo, sus movimientos como ebrios de sueño. Pero palpo en la oscuridad, la noche me deja fuera, mi recuerdo permanece invisible.
No había nada.

Hasta que se impone un recuerdo concreto. Un paseo por una ciudad, no sé cuál. En la imagen que me viene a la mente hay una luz fuerte, parece una ciudad del Sur. Ella camina a mi lado. Voy tan pegado a ella que siento su presencia, pero sin rozarla. Miro a mi lado y veo su perfil, en su boca una tímida, serena sonrisa. Resulta desgarrador volver a ver su sonrisa en mi memoria.
Me pregunto si realmente caminé así. Si realmente la vi tan tranquila y feliz.
¿Le dije algo en ese momento? Siento su hombro a mi lado.

13

A lo mejor podrías haber hablado con ella. A lo mejor podrías haberla traído.
Pero sabes que ella se marchó antes que tú, por mucho que te guste pensar la historia al revés.
Cuando había tormenta, el mar embravecido acentuaba el silencio dentro de la casa.
Hasta que se levantó una tormenta que se la llevó también a ella.
Después estaba agachada en la playa. Acariciaba con las manos la arena. Como si hubiera algo, alguien que…
Y después te pusiste, irremediablemente, en marcha.

Ahora estás tumbado con los ojos abiertos de par en par, hasta que el sonido de la carretera se superpone al del mar.

14

Cuando salgo del hotel, por la mañana, el hombre está en la acera.
Se encamina hacia mí.
«Mi familia no viene». Dice.
Se da la vuelta y se va alejando, más despacio de lo que nunca he visto andar a nadie, como si a cada paso dudase si todavía fuera a dar otro.

Miro en el cristal de la ventana de mi habitación. La persiana está echada.
Veo el espectro de mí mismo. Un tipo con jersey y pantalones medio arrugados.
No veo nada, no averiguo nada.
A lo mejor ella se asoma detrás de mí, a lo mejor la veo acercarse, situarse detrás de mí y ponerme la mano en el hombro. Pero lo que veo detrás de mí es el hombre. Pone cara seria y dice mi nombre.

Una y otra vez pronuncia mi nombre, me dice quién soy. Y luego otra vez más, hasta que le respondo diciéndole el nombre de ella, repito el nombre de ella, mientras él me mira a la cara.

El nombre de ella.

El mío.

El nombre de ella.

El nombre de ella.

Mientras el hombre sigue repitiendo mi nombre como un mantra.
Me despierto de un susto en mitad de la noche.

15

De un día para otro han cerrado el bar y el quiosco.
Deambulo perdido por la plaza vacía.
Nadie me ha dicho nada, a nadie le ha parecido necesario
avisarme. Me río de mí mismo.
Por muy fiel y puntual que fuera todos los días, no he dejado
de ser un transeúnte, al igual que esos viajantes que se alojan
una sola noche en el hotel.
Miro a mi alrededor. No hay nadie en la plaza y no sé adónde
ir. Merodeo de acá para allá. Entonces pienso que al menos
quiero aparentar tener un objetivo. Camino hacia la fábrica,
dejo atrás la nave vacía y sigo hasta las antiguas casas obreras, vuelvo a leer las pintadas, doblo la esquina, me asomo a
una casa medio destruida.

Vuelvo a verle a él.
Está trabajando. Entra con tablas de madera en una de las casas.
Me acerco, veo que hay muebles, veo una cama y un sillón,
una mesa y sillas.
Entonces veo que también las casas de al lado están llenas de
muebles. En una de ellas hay un dibujo infantil colgado en la
pared.
Parece contento de verme, me sonríe, levanta un termo y un
vaso, me invita a entrar.
Estoy en la casa en ruinas que se está haciendo otra vez habi-
table. Sentado ante una mesa con una taza de café delante del
hombre.

«El bar —dice—, el bar está cerrado. Por suerte ahora tengo mi propio sitio». Y me sirve un poco más.

«Cuando me dijeron que iban a cerrar el bar, pensé directamente en usted», dice.

O sea que a él sí le avisaron…

«Pensé en usted —dice—, porque todas las mañanas se sentaba allí».

Y a continuación dice: «Hace ya un tiempo que no paso por la plaza, estoy aquí y organizo mi casa y espero a mis amigos».

16

«En el mar —dice—, de camino a este país, estaba al borde de la desesperación. Me encontraba agotado, había perdido de vista a mi familia y quedé apartado de mis amigos. Exhausto me dormí y luego bruscamente me desperté, no por un sonido sino por el silencio.

»Entre la marea baja y la marea alta hay un instante, que dura poquísimo, una milésima de segundo, en la que el mar queda en suspenso.

»Allí, en ese instante, se decidió.

»Que el mar me arrojaría a la playa, que sería salvado, que no iba a desaparecer.

»Tú —me dice entonces—, tú.
»Vete a casa —dice—.
»Tienes que volver a casa.
»Puedes volver a casa».

POEMA 6*

No sé coleccionar sellos
no sé coleccionar fotos de mujeres
ni tampoco aventuras amorosas
ni sabiduría
ya no soy capaz de hacer nada
        ya no soy   capaz   de hacer   nada

¿Por qué no apago la lámpara
        y no me meto en la cama?

Quiero experimentar
        estar desnudo
        en cueros quién sabe si púrpura helada
                y lividez

¿No es así el comienzo cuando comienza?

No quiero saber nada
no quiero preguntar
        por qué
        no fui un coleccionador de sellos

----

* Paul van Ostaijen, de: *Las fiestas de temor y dolor*

Empezaré a dar mi debacle
empezaré a dar mi bancarrota
me daré un trozo de pobre tierra rasgada
      una tierra pisoteada
      una tierra de brezo
      una ciudad ocupada

Quiero estar desnudo
    y empezar

17

Vuelvo en dirección al hotel. Doblo una esquina y llego a una calle donde no he estado nunca. No conozco el camino. Hay más casas pequeñas de lo que yo creía. Parece que el barrio se va ensanchando y me encierra.

Acelero para continuar. Recorro otra calle, luego un callejón sin salida, luego otra calle y de pronto la sombra de alguien que se agacha, parece. Después una voz a lo lejos, martilleo, silencio. Creo que alguien me está viendo, que alguien me está observando. A lo mejor es una trampa. Palpo mi cartera, como un mísero asidero que pudiera protegerme. Entonces decido ir de frente.

Intento respirar con tranquilidad, pero me siento como un animal herido por un disparo, avanzo a un ritmo constante, como si no pasara nada, me pregunto por qué me agita ese pánico cuando no está ocurriendo nada, para luego preguntarme por qué me están persiguiendo, por qué me acosan. Nadie me pone una piedra en mi camino.

Dejo atrás las casas pequeñas. Estoy en la carretera que en su momento me condujo al pueblo. A lo lejos veo la torre de la iglesia y la chimenea de la fábrica. Allí quiero ir, pienso, allí. Y vuelvo a encontrar el camino.

En un impulso quiero entrar en la iglesia, pero la puerta está cerrada. Al hotel entonces, donde han recogido la habitación. Todo está bien ordenado, guardado, enmudecido, como si no viviera nadie en ella.

Me quedo dentro.

Me encierro.

Leo y pido que me sirvan la cena en la habitación.

Algo me impide salir. Quizá sea el miedo, pero ante todo es la aversión por mí mismo. Aversión por el tipo que se vino aquí. Por su voz, sus gestos. Sus pensamientos...

Quiero quedarme inmóvil donde estoy. A veces veo al hombre de la sonrisa y aborrezco su amistad.

Aborrezco la alegría con la que aguarda a sus amigos. Cómo los recibirá en su nueva casa. Cómo vivirán en ella. Ellos. En un alegre reencuentro. Yo. Atrincherado en mi habitación.

Ya no soy capaz de hacer nada. Ya no soy capaz de hacer nada.

18

Por la noche me despierto una y otra vez de un sueño ligero.
Oigo el zumbido de la carretera. Escucho el sonido monótono
con la esperanza de que esa monotonía me ayude a dormirme.
Pero justo antes de cerrar los ojos por un momento, se hace
el silencio. De repente ya no hay nada. Un silencio perfecto
desciende sobre mí y la habitación.
Dura poquísimo, una milésima de segundo en la que nada se
mueve.

Allí se ha decidido.

Me levanto de la cama, balbuceo palabras, a tientas busco mi
ropa. La meto de cualquier manera en la maleta. Me visto.
Exclamo el nombre de ella. Salgo por la acera hacia mi coche.
Abandono el hotel para conducir por carreteras vacías en
dirección al mar.

A la casa sobre la duna.
Para recuperar lo que todavía no estaba.
Para cavar en la arena.
Para buscar.

19

Aparcarás el coche en su sitio habitual. Andarás por la grava hasta la puerta de entrada.

La llave entrará en la cerradura.

La casa ha cambiado, pero eso no te afectará. Te sentarás en un lugar que vagamente te resulte familiar y la esperarás a ella.

Te acordarás del hombre aquel.
Empezarás a sonreír.

Cuando ella vuelva a casa, verá que no encuentras las palabras.

Tú verás su rostro como si fuera por primera vez.

Harás un gesto que no se parece en nada a tus gestos de antes.

El autor expresa su gratitud a Clara van den Broek, Claire David, Inès Loureiro, Yannick Geens, Korneel Hamers, Chris de Jong, Bart Kraamer y Ronald Brouwer.

Ambos monólogos fueron escritos por encargo del colectivo teatral belga SKaGeN. Tanto el autor como el traductor recibieron apoyo de Flanders Literature.

Primera publicación en neerlandés: editorial Koppernik, Ámsterdam, 2021.

Pleamar se estrenó el 10 de enero de 2017, en el teatro De Studio en Amberes, con la interpretación de Clara van den Broek. *La huida* se estrenó el 16 de noviembre de 2021, en el mismo teatro y con la misma actriz.

En España se estrenaron las dos piezas juntas el 5 de marzo de 2026 en el Teatro de La Abadía, en Madrid, con puesta en escena de José María Esbec e interpretación de Rebeca Hernando y Fernando Guallar.